Fêtes d'enfants

Catalogage avant publication de la Bibliothèque nationale du Canada

Grenier, France

Fêtes d'enfants de 1 à 12 ans

1. Fêtes d'enfants. I. Titre.

GV1205.G73 2004 793.2'1 C2004-940929-8

Gouvernement du Québec – Programme de crédit d'impôt pour l'édition de livres – Gestion SODEC – www.sodec.gouv.qc.ca.

L'Éditeur bénéficie du soutien de la Société de développement des entreprises culturelles du Québec pour son programme d'édition.

Conseil des Arts du Canada / Canada Council for the Arts

Nous remercions le Conseil des Arts du Canada de l'aide accordée à notre programme de publication.

Nous reconnaissons l'aide financière du gouvernement du Canada par l'entremise du Programme d'aide au développement de l'industrie de l'édition (PADIÉ) pour nos activités d'édition.

Dépôt légal : 2e trimestre 2004
Bibliothèque nationale du Québec

ISBN 2-7619-1957-2

DISTRIBUTEURS EXCLUSIFS :

- Pour le Canada et les États-Unis :
  MESSAGERIES ADP*
  955, rue Amherst
  Montréal, Québec
  H2L 3K4
  Tél. : (514) 523-1182
  Télécopieur : (514) 939-0406
  * Filiale de Sogides ltée

- Pour la France et les autres pays :
  INTERFORUM
  Immeuble Paryseine, 3, Allée de la Seine
  94854 Ivry Cedex
  Tél. : 01 49 59 11 89/91
  Télécopieur : 01 49 59 11 96
  Commandes : Tél. : 02 38 32 71 00
  Télécopieur : 02 38 32 71 28

- Pour la Suisse :
  INTERFORUM SUISSE
  Case postale 69 - 1701 Fribourg - Suisse
  Tél. : (41-26) 460-80-60
  Télécopieur : (41-26) 460-80-68
  Internet : www.havas.ch
  Email : office@havas.ch
  DISTRIBUTION : OLF SA
  Z.I. 3, Corminbœuf
  Case postale 1061
  CH-1701 FRIBOURG
  Commandes : Tél. : (41-26) 467-53-33
  Télécopieur : (41-26) 467-54-66
  Email : commande@ofl.ch

- Pour la Belgique et le Luxembourg :
  INTERFORUM BENELUX
  Boulevard de l'Europe 117
  B-1301 Wavre
  Tél. : (010) 42-03-20
  Télécopieur : (010) 41-20-24
  http://www.vups.be
  Email : info@vups.be

Pour en savoir davantage sur nos publications, visitez notre site : **www.edhomme.com**
Autres sites à visiter : www.edjour.com • www.edtypo.com
www.edvlb.com • www.edhexagone.com • www.edutilis.com

France Grenier

Fêtes d'enfants

de 1 à 12 ans

LES ÉDITIONS DE L'HOMME

À Jean-Christophe et à Louis-Philippe,
sans vous cet ouvrage n'aurait jamais vu
le jour. Quel bonheur de vous voir grandir!

Remerciements

L'idée de ce livre a germé à la suite d'une fin de contrat de travail. J'étais loin de me douter à ce moment-là qu'un jour ce beau projet prendrait forme, car conjuguer le travail à temps plein et le rôle de mère de deux jeunes enfants laisse peu de place à la création et à l'élaboration d'un tel projet. De fil en aiguille, cette aventure m'a fait découvrir un univers tout à fait nouveau et passionnant. À part mon ami Michel qui écrit ses aventures de marin en solitaire, je ne connaissais personne dans mon entourage ayant navigué dans le monde de l'édition. J'ai donc retroussé mes manches, j'ai gardé confiance et surtout j'ai persévéré. Je sais que cet ouvrage servira à beaucoup de parents, car j'étais sans cesse moi-même à la recherche de jeux et d'idées originales pour l'organisation des fêtes de mes enfants. Aujourd'hui ils préfèrent toujours inviter leurs amis à la maison pour célébrer leur anniversaire de naissance qu'accepter toute suggestion de sortie à l'extérieur. Ils participent encore plus activement aux préparatifs.

Merci à Jean-François, à mes proches et à mes amies sincères qui ont cru en moi et qui, par leurs bons mots d'encouragement, ont su m'apporter soutien et carburant pour mener ce livre à bon port.

Merci à ma mère, Madeleine, et à mon père, Paul, qui sont toujours de si bons parents. Cet amour qu'ils ont su me transmettre restera le plus bel héritage que je désire laisser à mon tour à mes enfants.

Introduction

Chers parents, ce livre vous est destiné ; c'est un guide complet pour l'organisation de vos fêtes d'enfants. Vous y trouverez de nombreux jeux à réaliser autant à l'extérieur qu'à l'intérieur, des modèles de gâteaux, de décorations ainsi que des costumes simples et faciles à réaliser.

De plus, vous y découvrirez des thèmes de fête avec des scénarios élaborés allant de la carte d'invitation aux cadeaux surprises, en passant par les jeux et les idées de décoration.

J'en ai passé des heures à écrire ce livre et à préparer ces anniversaires. Je vous souhaite autant de plaisir que j'en ai eu à organiser ces fêtes. Votre récompense sera de voir les yeux émerveillés de vos enfants et d'entendre les fous rires qui éclateront dans votre maison. Ils garderont sans aucun doute de beaux souvenirs de ces moments magiques de leur enfance.

Allez, amusez-vous et gardez votre cœur d'enfant.

Six règles à suivre

Choisir avec l'enfant, environ quatre semaines à l'avance, le thème de la fête et les invités.

Établir la liste du bricolage, des costumes ou de toute autre chose à faire ou à acheter.

Préparer à l'avance tout le bricolage nécessaire. N'hésitez pas à demander l'aide des parents et amis ayant un talent artistique.

Expédier les invitations deux semaines avant la fête.

Cuisiner quelques jours à l'avance. Ne gardez que l'essentiel pour la journée même.

Décorer la maison la veille lorsque les enfants sont couchés afin de garder l'effet de surprise.

N. B. Nul n'est tenu à l'impossible. Dites-vous que vous ne pouvez pas tout faire. Mettez à contribution les talents artistiques ou culinaires des parents et amis disponibles.

Tableau des jeux (en ordre alphabétique)						
N°	Titre du jeu	Extérieur	Intérieur	Jeux musicaux	Catégorie d'âge	Page
1	Badminton sans filet	x			4 +	16
2	Balle ou ballon caché(e) derrière le dos	x	x		3 à 12	16
3	Ballon d'eau	x			3 +	16
4	Ballon musical	x	x	x	2 à 12	17
5	Ballon musical avec gage	x	x	x	2 +	17
6	Ballon qui roule	x	x		2 +	17
7	Ballon-surprise	x	x		4 +	18
8	Bingo en images		x		2 +	18
9	Bingo traditionnel		x		5 +	18
10	Bulles de savon	x			2 à 8	19
11	Cachette à la noirceur				3 +	19
12	Cadeau musical	x	x	x	2 +	19
13	Chapeau musical	x	x	x	2 +	20
14	Charades	x	x		5 +	20
15	Chasse au trésor	x	x		3 +	22
16	Course à habillage	x	x		2 +	23
17	Course à obstacles	x			2 +	23
18	Course à relais avec ballon	x			3 +	24
19	Course aux réponses	x	x		10 +	24
20	Course dans un sac	x			3 +	26
21	Danse à l'africaine	x	x	x	4 +	26
22	Devine et prends l'objet	x	x		7 +	27
23	Devine le dessin	x	x		4 +	28
24	Devine l'objet	x	x		3 +	28
25	Devinettes	x	x		6 à 12	28
26	Écoute et devine ce que c'est	x	x		2 +	30
27	Fanfare	x	x	x	1 à 4	30
28	Fresque d'un dessin collectif	x	x		2 +	31
29	Jeu de bouteilles (quilles)	x	x		3 +	31
30	Jeu de canettes	x			3 +	32

Nº	Titre du jeu	Extérieur	Intérieur	Jeux musicaux	Catégorie d'âge	Page
31	Jeu d'échelles et de serpents (fait maison)	x			3 +	32
32	Jeu de nez		x		7 +	32
33	Jeu d'épreuves	x	x		2 à 4	35
34	Jeu des animaux	x	x		2 +	35
35	Jeu des chansons (Devine le titre)	x	x	x	10 +	36
36	Jeu des chansons (Garde le tempo)	x	x	x	10 +	36
37	Jeu du « As-tu vu mon singe ? »	x	x		3 à 9	37
38	Jeu du chaud, tiède, froid	x	x		3 +	37
39	Jeu du cure-dent	x	x		10 +	37
40	Jeu du « Life saver »	x	x		10 +	38
41	Jeu du mouchoir	x	x		3 à 8	39
42	Jeu sur nappe		x		3 à 11	39
43	La course aux souliers	x	x		3 à 11	40
44	Le billot de bois	x	x		3 +	41
45	Le saute-mouton	x	x		3 à 8	41
46	Limbo	x	x	x	3 +	42
47	Loup ! Loup ! Quelle heure est-il ?	x	x		3 à 10	42
48	Mare aux insectes	x			3 à 11	43
49	Message dans un ballon à l'hélium	x			2 +	43
50	Mimer les mots et les titres	x	x		4 +	44
51	Photographie souvenir (tête derrière le trou)	x	x		toutes	44
52	Piñata (faite maison)	x	x		toutes	45
53	Sauts à trois pieds	x			2 +	46
54	Sauts sur un pied	x			3 +	47
55	Souque à la corde	x			3 +	47
56	Spectacle de marionnettes	x	x		1 à 7	48
57	Statue musicale	x	x	x	3 +	48
58	*Tag* de marche	x			5 +	48

DESCRIPTION DES JEUX

1. Badminton sans filet
2 joueurs et plus
Catégorie d'âge : 4 ans et plus

Établissez une bonne distance entre les deux équipes et délimitez les territoires. Il s'agit de lancer le volant à l'adversaire. Vous comptez le nombre de coups frappés sans que le volant ne touche le sol. L'équipe qui gagne est celle qui a cumulé le plus grand nombre de frappes.

Les adultes peuvent participer pour aider les plus jeunes.

2. Balle ou ballon caché(e)
4 joueurs et plus
Catégorie d'âge : 3 à 12 ans

Tout le monde sauf un enfant forme une ligne et garde les mains derrière le dos. Une seule de ces personnes cache un ballon derrière son dos. L'enfant qui se trouve devant la ligne essaie de deviner qui a ce ballon. S'il réussit, il recommence. Sinon c'est au tour de celui qui avait le ballon derrière lui qui va à l'avant pour deviner à son tour.

3. Ballon d'eau
2 joueurs et plus
Catégorie d'âge : 3 ans et plus

Jeu idéal pour les journées chaudes de l'été. Vous remplissez d'eau quelques ballons et vous formez deux équipes qui se placent face à face à une courte distance. Au signal, les joueurs lancent les ballons dans le territoire adverse en évitant le visage des enfants. Le plaisir est de réussir à faire éclater les ballons et de mouiller les amis. Il faut donc prévoir les maillots de bain lors des invitations.

4. Ballon musical

4 joueurs et plus
Catégorie d'âge : 2 à 12 ans

Les enfants forment un cercle et, au son de la musique, le ballon circule de l'un à l'autre le plus rapidement possible. Celui qui a le ballon entre les mains lorsque la musique s'arrête doit sortir du cercle. On repart la musique et le jeu se poursuit jusqu'à ce qu'il n'y ait qu'un gagnant.

Variante : Si le jeu regroupe des enfants entre 2 et 6 ans, il serait plus intéressant pour eux de recevoir une friandise ou un autocollant lorsqu'ils sont disqualifiés.

5. Ballon musical avec gage

4 joueurs et plus
Catégorie d'âge : 2 ans et plus

On fait circuler le ballon de la même façon que dans le jeu de ballon musical classique sauf qu'il n'y a pas d'élimination. Cependant, celui qui se retrouve avec le ballon dans les mains lorsque la musique s'arrête doit se placer au centre du cercle et on lui donne un gage. On prépare d'avance une série de gages que l'on inscrit sur un petit bout de papier. L'enfant en pige un et doit l'exécuter pour pouvoir continuer à jouer. Par exemple : chanter un refrain de chanson, faire la grenouille, sauter sur un pied, etc.

6. Ballon qui roule

4 joueurs et plus
Catégorie d'âge : 2 ans et plus

Tous les enfants sont assis en cercle, les jambes écartées, chacun de leurs pieds touchant celui du voisin. L'enfant qui a le ballon dit le nom d'un autre et fait rouler le ballon jusqu'à celui-ci. C'est ensuite au tour de ce dernier d'envoyer le ballon. Il s'agit de surprendre celui à qui est destiné le ballon.

7. Ballon-surprise

4 joueurs et plus

Catégorie d'âge : 4 ans et plus

Les enfants se placent debout et forment un cercle. Celui qui a le ballon dit le nom d'un des enfants et lui envoie aussitôt le ballon qu'il doit attraper sans l'échapper. S'il réussit, c'est à son tour de lancer le ballon, s'il le laisse tomber, il est disqualifié.

Variantes :

- Si le jeu regroupe des enfants entre 2 et 5 ans, il serait plus intéressant pour eux de recevoir une friandise ou un autocollant lorsqu'ils sont disqualifiés.
- Le même jeu peut se faire sans avoir à mentionner le nom de l'enfant à l'avance. Cela obligera les enfants à observer davantage le ballon.

8. Bingo en images

4 joueurs et plus

Catégorie d'âge : 2 ans et plus

Vous pouvez trouver ce jeu sur le marché à prix très abordable. Si vous en avez le temps, vous pouvez également créer vos propres cartes en choisissant vos images préférées dans les cahiers à colorier. Les dessins permettent aux enfants du préscolaire de participer. Il est conseillé d'avoir l'aide de quelques adultes pour surveiller les cartes avec les enfants.

9. Bingo traditionnel

4 joueurs et plus

Catégorie d'âge : 5 ans et plus

Les enfants aiment bien ce jeu, surtout lorsqu'il y a des prix pour les gagnants. Rendez le jeu plus long et plus élaboré pour les enfants plus âgés. Par exemple, il faut remplir deux lignes pleines pour faire un Bingo.

Variante : Vous pouvez reproduire les cartes de Bingo en format géant sur du gros carton de couleur pâle.

10. Bulles de savon
2 joueurs et plus
Catégorie d'âge: 2 à 8 ans

Il faut prévoir plusieurs plats contenant le savon ainsi qu'un bâtonnet à bulles pour chaque enfant. Faire porter aux enfants des tabliers de bricolage, car le savon mouille les vêtements. Le plaisir est garanti.

11. Cachette à la noirceur
4 joueurs et plus
Catégorie d'âge: 3 ans et plus

À l'automne, en fin de journée, le soleil se couche très tôt. Si la fête se déroule à ce moment-là, ce jeu ravira les enfants. Déterminez les limites du jeu, soit le terrain de la maison seulement. Équipez tous les enfants de lampes de poche pour augmenter le plaisir.

Pour une fête à thème, vous pouvez leur faire jouer un rôle; par exemple: des cow-boys et des Indiens, des chevaliers blancs et des chevaliers noirs, etc.

12. Cadeau musical
3 joueurs et plus
Catégorie d'âge: 2 ans et plus

Les enfants s'assoient par terre en cercle. Au son de la musique, ils se passent un paquet que vous aurez pris soin d'emballer plusieurs fois en insérant une friandise ou toute autre surprise entre chaque épaisseur. Lorsque la musique s'arrête, l'enfant qui tient le paquet enlève le premier emballage et trouve le cadeau, qu'il garde en quittant le jeu. Vous poursuivez le jeu en musique. Les enfants continuent de se passer le paquet et vous essayez subtilement d'arrêter la musique pour que chaque enfant développe à son tour. L'enfant qui déballe le paquet entièrement est le gagnant et garde le cadeau.

13. Chapeau musical

4 joueurs et plus
Catégorie d'âge : 2 ans et plus

Tous les participants forment une ronde et chacun d'eux porte un chapeau sauf un. Leur main gauche doit rester derrière leur dos. Au son de la musique, à l'aide de sa main droite, l'enfant prend le chapeau de son voisin de gauche pour le déposer sur sa tête le plus vite possible. Celui qui se retrouve sans chapeau sur la tête lorsque la musique s'arrête est disqualifié. On enlève un chapeau à chaque élimination et on repart la musique jusqu'à ce qu'il n'y ait plus qu'un gagnant. Les chapeaux de paille conviennent bien pour ce jeu.

14. Charades

3 joueurs et plus
Catégorie d'âge : 5 ans et plus

Les enfants plus âgés auront du plaisir avec ce jeu que vous pouvez placer entre deux autres plus actifs. Préparez une liste de charades à l'avance, autant des plus simples que des plus difficiles, selon l'âge des participants. Les enfants peuvent venir chacun leur tour à l'avant pour lire la charade. N'hésitez pas à utiliser des mots reliés au thème de la fête.

Voici quelques suggestions :

Pirate : Mon premier est la première syllabe de picote.
Mon deuxième est la femelle du rat.
Mon tout est un homme qui vit sur un bateau et qu'on représente souvent avec une jambe de bois et un crochet à la place d'une main.

Bateau: Mon premier est ce que l'on porte pour garder nos pieds au chaud.
Mon deuxième est le contraire de tard.
Mon tout est un moyen de transport sur l'eau.

Gâteau: Mon premier est le masculin de fille.
Mon deuxième est le contraire de tard.
Mon tout est le dessert préféré lors des anniversaires.

Chapeau: Mon premier est un animal domestique de la famille des félins.
Mon deuxième est ce qui recouvre notre corps.
Mon tout est ce que l'on porte sur la tête pour le plaisir ou pour nous garder bien au chaud.

Ballon: Mon premier est une soirée grandiose où l'on peut danser la valse.
Mon deuxième est le contraire de court.
Mon tout est rond, assez gros et fait pour jouer.

Surprise: Mon premier est le contraire de sous.
Mon deuxième est le féminin de pris.
Mon tout est un cadeau inattendu.

Lapin: Mon premier est la sixième note de musique.
Mon deuxième est une sorte de conifère.
Mon tout est un animal avec de grandes oreilles qui aime les carottes.

Chocolat: Mon premier est le contraire de froid.
Mon deuxième est la première syllabe de copain.
Mon troisième est la sixième note de musique.
Mon tout est une friandise très appréciée.

Rouleau: Mon premier sert à faire avancer une poussette ou une bicyclette.
Mon deuxième est ce que l'on retrouve dans une piscine ou un bain.
Mon tout est de forme longue et cylindrique.

15. Chasse au trésor

2 joueurs et plus

Catégorie d'âge : 3 ans et plus

Ce jeu consiste à trouver les pièces d'un grand casse-tête que vous aurez préalablement préparées (en moyenne 9 à 10 morceaux) en utilisant un carton assez épais.

Grâce à des indices, les enfants cherchent toutes les pièces pour rassembler le casse-tête. Lorsqu'il est terminé, les enfants ont droit au trésor qui contient des surprises pour chacun.

Préparez des petits sacs ou des paquets emballés dans du papier métallisé de couleur or dans lesquels vous insérez les surprises pour chacun, par exemple des pièces de monnaie en chocolat.

Selon le thème de la fête, choisissez un dessin de votre choix dans un magazine ou un cahier à colorier.

Agrandissez le dessin choisi à l'aide d'un photocopieur et collez-le sur un carton de même dimension. S'il est en noir et blanc, mettez-y de la couleur pour le rendre plus joli. Lorsque le dessin est terminé, tracez au plomb de 9 à 10 pièces sur le casse-tête, puis découpez les morceaux.

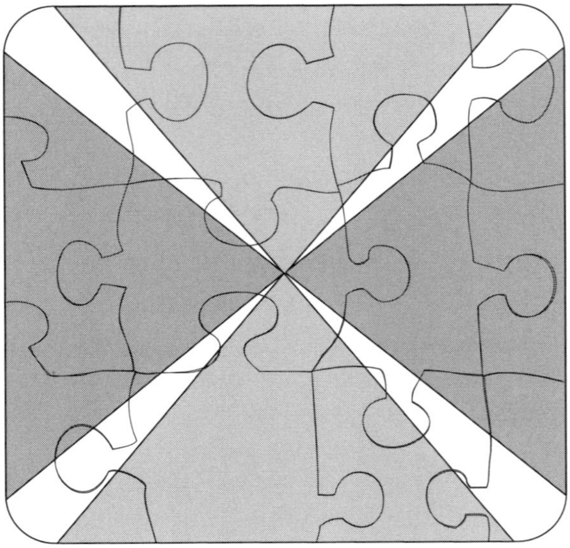

16. Course à habillage

4 joueurs et plus

Catégorie d'âge : 2 ans et plus

Vous formez deux équipes et vous faites asseoir les joueurs de manière qu'ils soient face aux adversaires en gardant une bonne distance. Ensuite, vous déposez différents vêtements au centre. Au signal, un enfant de chaque équipe court vers les vêtements, il en choisit un, l'enfile, puis revient vers son équipe et s'assoit. Le deuxième participant peut alors partir à la course pour aller enfiler un vêtement, revenir et ainsi de suite jusqu'à ce que tous les enfants aient joué.

Vous pouvez ensuite recommencer le jeu ou dire aux joueurs de retourner une deuxième fois enfiler un autre vêtement afin de faire durer le jeu plus longtemps. La première équipe qui termine gagne le jeu.

Variez le type de vêtements disponibles en évitant de mettre trop de chapeaux pour prolonger la durée du jeu. Faites participer les adultes et choisissez des vêtements drôles comme des robes de nuit et des robes à fleurs. Par contre, prévoyez des vêtements plutôt amples et de grande taille.

17. Course à obstacles

2 joueurs et plus

Catégorie d'âge : 2 ans et plus

Il s'agit d'utiliser les jeux extérieurs et intérieurs que vous avez à votre disposition et de les placer sur le terrain pour rendre la course plus amusante. Par exemple, vous placez deux à trois cônes afin que les enfants circulent en slalom, ensuite ils doivent sauter dans des cercles, circuler dans un tube de toile, jouer au jeu de poches, sauter sur un ballon géant, etc. Pour prolonger la durée de la course, vous pouvez leur demander de faire l'aller-retour.

18. Course à relais avec ballon

2 joueurs et plus

Catégorie d'âge : 3 ans et plus

Vous formez deux équipes et vous remettez un ballon à chaque participant en choisissant deux couleurs différentes. Vous déterminez le point de départ et d'arrivée. Chaque enfant doit avancer et revenir en sautillant avec son ballon entre les jambes sans l'échapper. S'il le laisse tomber, il doit retourner à la ligne de départ et recommencer. L'équipe gagnante est celle qui a terminé en premier.

19. Course aux réponses

2 joueurs et plus

Catégorie d'âge : 10 ans et plus

Il s'agit d'un jeu d'habileté et de rapidité intellectuelle. À partir d'un tableau contenant des données préétablies, les enfants doivent remplir les cases le plus rapidement possible, car le temps compte. La colonne de gauche indique les mots à rechercher (exemples : titre d'une chanson, nom d'un acteur ou actrice, marque d'automobile, nom d'animal, etc.). La rangée du haut contient les lettres par lesquelles le mot recherché doit commencer.

Préparez un tableau avec des cases vides comme ci-contre. Au signal, chaque participant doit répondre le plus vite possible, car le temps est limité. À vous de décider combien de points vous allouez par bonne réponse. Pour compliquer le jeu (pour les enfants plus grands), vous pouvez enlever des points pour une mauvaise réponse.

Voici des choix de sujets...

Titre	Commençant par la lettre :			
	C	A	R	T
Chanson				
Animal				
Moyen de transport				
Pays				
Ville				
Acteur ou actrice				
Vedette du sport				
Outil				

et quelques choix de réponses :

Titre	Commençant par la lettre :			
	C	A	R	T
Chanson	Comment ça va !	À la claire fontaine	Reel de la bottine	Tous les garçons et les filles de mon âge
Animal	Coyote	Âne	Rat	Toucan
Moyen de transport	Canot	Avion	Radeau	Train
Pays	Canada	Allemagne	Russie	Thaïlande
Ville	Cincinnati	Alma	Rome	Tokyo

Vous pouvez refaire le jeu en changeant les lettres et en conservant les mêmes catégories ou en en choisissant de nouvelles.

20. Course dans un sac

2 joueurs et plus

Catégorie d'âge : 3 ans et plus

Vous déterminez la ligne de départ et celle d'arrivée. Les enfants doivent courir d'un point à l'autre en sautillant dans un grand sac d'oignons, dans une poche de pommes de terre ou dans une vieille taie d'oreiller. S'il y a plusieurs joueurs, vous formez deux équipes. Le premier joueur ou la première équipe qui termine gagne la course.

Vous pouvez vous procurer certains sacs au marché. Vous pouvez même les fabriquer vous-même en achetant chez le quincaillier du jute servant à recouvrir les arbustes.

Variante : Les adultes peuvent se prêter au jeu en faisant équipe avec un enfant. Dans ce cas-ci, chacun dépose un seul pied dans le sac et ils se tiennent par la taille afin de courir au même rythme et d'éviter de tomber.

21. Danse à l'africaine

3 joueurs et plus

Catégorie d'âge : 4 ans et plus

Les enfants doivent danser le plus longtemps possible avec un livre sur la tête. Lorsque leur livre tombe, ils s'assoient par terre jusqu'à ce qu'il ne reste plus qu'un danseur qui gagne la partie.

22. Devine et prends l'objet

2 joueurs et plus

Catégorie d'âge : 7 ans et plus

Sur une grande table, vous disposez différents objets correspondant à une définition préalablement établie. Une personne doit lire une première définition et les joueurs autour de la table doivent trouver la réponse en nommant l'objet et en le prenant le plus rapidement possible. Celui qui a accumulé le plus d'objets gagne la partie. S'il y a quatre joueurs et plus, vous pouvez former deux équipes. Voici plusieurs exemples de définition.

Liste des objets à déposer sur la table	Définition
Baguettes chinoises	Nous remplaçons très bien la fourchette.
Banane	Fruit préféré des singes.
Chaussette	Je garde les pieds au chaud.
Citrouille	Légume que l'on décore à l'Halloween.
Crayon	Je te permets d'écrire.
Feuille d'érable	Je change de couleur à l'automne.
Fromage	Les souris raffolent de moi.
Gland	Fruit d'un arbre.
Orange	Je ne suis pas seulement un fruit, mais aussi une couleur.
Papier mouchoir	Je suis très utile quand on a le rhume.
Peigne	Je sers à démêler les cheveux.
Savon	Dans l'eau, je fais des bulles.
Taille-crayon	Avec moi, tu auras meilleure mine.
Trombone (à papier)	Je suis un instrument de musique.

23. Devine le dessin

2 joueurs et plus

Catégorie d'âge : 4 ans et plus

Vous aurez besoin d'un tableau avec des craies ou d'un chevalet sur lequel on accroche de grandes feuilles de papier. Vous aurez préalablement inscrit des mots sur de petites fiches. Chacun leur tour, les enfants viennent au tableau pour dessiner le mot que vous leur montrez. Les autres participants doivent deviner ce que l'enfant dessine au tableau. S'il y a plusieurs joueurs, vous pouvez former deux équipes.

24. Devine l'objet

2 joueurs et plus

Catégorie d'âge : 3 ans et plus

Vous déposez un objet à la fois dans un grand sac opaque ou dans une taie d'oreiller. Chacun leur tour, les enfants essaient de deviner quel est cet objet en le touchant mais sans le regarder.

Variante : Vous pouvez aussi remplacer les objets par des aliments (exemples : fruits, légumes).

25. Devinettes

2 joueurs et plus

Catégorie d'âge : 6 à 12 ans

1. Qu'est-ce qui est vert, qui monte et qui descend ?
   Un petit pois dans un ascenseur.
2. Roche, papier... ?
   Ciseau.
3. Qu'est-ce qui est blanc en haut et jaune en bas ?
   Un œuf.
4. De quelle couleur est le Grincheux ?
   Vert.

5. Que lisent les kangourous ?
Des livres de poche.
6. Je suis venu, j'ai vu et… ?
j'ai vaincu.
7. Blanche-Neige avait… petits nains comme amis.
Sept.
8. Pourquoi Napoléon avait-il toujours sa main dans son gilet ?
Parce qu'il tenait sa bretelle.
9. Qui met un chapeau blanc ?
Le cuisinier.
10. Comment s'appelle le bébé de la grenouille ?
Le têtard.
11. Que fait un hibou dans une forêt en feu ?
Hiboucane (boucaner : faire de la fumée, au Québec).
12. Que faire quand un monstre vert à 12 pattes est couché dans notre lit ?
On va dormir ailleurs !
13. Qu'est-ce qui est au centre du feu mais qui ne brûle pas ?
Le « E ».
14. Comment s'appelle un boomerang qui ne revient pas ?
Un bout de bois.
15. Qu'est-ce qui est invisible et qui sent la carotte ?
Un pet de lapin.
16. Pourquoi un flamant rose dort-il sur une patte ?
Parce que, s'il levait l'autre patte, il tomberait.
17. Qu'est-ce qui est rose et qui saute d'arbre en arbre ?
Une gomme à mâcher dans la poche de Tarzan.
18. Pourquoi les pêcheurs ne sont-ils jamais gros ?
Parce qu'ils font attention à leur ligne.
19. Un coq pond sur une colline, le vent souffle d'est en ouest, où tombe l'œuf ?
Un coq ne pond pas.

20. Que s'est-il passé le 25 décembre 1922?
    C'était Noël.
21. Pourquoi les gorilles ont-ils de grosses narines?
    Parce qu'ils ont des gros doigts.
22. Qu'est-ce qui fait 999 fois «tic» et 1 fois «toc»?
    Un mille-pattes avec une jambe de bois.

26. Écoute et devine ce que c'est

2 joueurs et plus

Catégorie d'âge: 2 ans et plus

Chacun leur tour, les joueurs doivent deviner de quel jouet, objet de la maison ou instrument de musique provient le son que vous leur faites entendre. Vous cachez ces articles dans un sac, dans une taie d'oreiller ou derrière un fauteuil. Par exemple, vous choisissez une petite voiture reproduisant le son d'une sirène de police, d'une ambulance ou d'un vaisseau spatial, un xylophone, une flûte, un jappement de chien, un canard, etc. Pour les enfants plus âgés, vous pouvez choisir des sons plus complexes comme un froissement de sac de papier, le son de billes de verre s'entrechoquant, celui de grains de riz dans un plat, etc.

27. Fanfare

3 joueurs et plus

Catégorie d'âge: 1 à 4 ans

Il s'agit d'utiliser tous les instruments de musique à votre disposition. Tous les enfants suivent le guide (un adulte ou l'enfant le plus âgé) en jouant de la musique et en se promenant un derrière l'autre dans la maison ou autour de la maison si la fête a lieu à l'extérieur.

Variante: Vous pouvez installer quelques obstacles à contourner lorsque la fête se tient à l'extérieur. Les enfants apprécieront également être le chef de file chacun leur tour.

28. Fresque d'un dessin collectif
3 joueurs et plus
Catégorie d'âge : 2 ans et plus

Il s'agit tout simplement de coller au mur, avec de la gommette, un grand papier à la hauteur des enfants pour qu'ils puissent dessiner à leur gré. Faites un trait de crayon à l'intérieur du grand papier (comme un cadre) afin d'éviter que les enfants dessinent sur le mur directement.

Fort utile en début de fête, ce dessin sert à faire patienter les invités en attendant que tous soient arrivés et avant de commencer les jeux.

29. Jeu de bouteilles (quilles)
2 joueurs et plus
Catégorie d'âge : 3 ans et plus

On utilise 6 ou 10 bouteilles de boissons gazeuses vides, format de 2 litres. Pour qu'elles tiennent bien en place, remplissez le fond de sable ou de cailloux, en vous assurant de bien les refermer.

Il faut peindre les bouteilles avec de la peinture en aérosol. Vous inscrivez par la suite des chiffres différents sur chaque bouteille. Les règles du jeu sont semblables à celles du jeu de quilles. À l'aide d'une balle, le joueur doit faire tomber les bouteilles disposées en triangle. Celui qui a accumulé le plus de points gagne la partie.

Variante : Changer les chiffres pour les noms des parents ou pour les noms de méchants personnages de bandes dessinées connues. Les enfants auront du plaisir à les faire tomber.

Pour les enfants qui ne savent pas encore lire, vous pouvez coller sur les bouteilles des images de méchants personnages ou des images d'animaux féroces, etc.

30. Jeu de canettes

2 joueurs et plus

Catégorie d'âge : 3 ans et plus

Pour ce jeu, vous avez besoin de six ou huit canettes d'aluminium vides que vous déposez sur une table. Il s'agit de lancer une balle afin d'en faire tomber le plus possible. Le bruit n'aura d'égal que le plaisir.

31. Jeu d'échelles et de serpents (fait maison)

2 joueurs et plus

Catégorie d'âge : 3 ans et plus

Sur le trottoir ou dans l'entrée asphaltée de la maison, on dessine à l'aide de craies de couleur de nombreux carrés identiques et côte à côte, qui prendront la forme d'un grand serpentin. Chacun leur tour, les joueurs avancent leur pion selon le chiffre qu'indique le dé qu'ils auront lancé.

À quelques endroits, vous remplissez un carré de couleur jaune et d'autres de couleur bleue. Lorsque l'enfant arrive sur une case jaune, il recule son pion d'une case ; par contre, sur une case bleue, il avance d'un point.

Si les enfants sont plus âgés, vous ajoutez des difficultés comme une case d'une troisième couleur. Lorsqu'un joueur avance son pion sur celle-ci, il doit recommencer du début.

32. Jeu de nez

2 joueurs et plus

Catégorie d'âge : 7 ans et plus

Voici un jeu de mots qui rallie vitesse et intelligence. Chaque mot à trouver commence par « né » ou « n'é ». Vous pouvez distribuer à chaque participant les différentes devinettes ou les accrocher au mur en remettant une feuille-réponse à chacun. S'il y a plus de six joueurs, vous pouvez former deux équipes. Vous trouverez à la page suivante, un exemple de présentation ainsi qu'une liste de devinettes.

Il vous faudra plusieurs heures de préparation pour ce jeu, mais le plaisir est assuré.

Le joueur ou l'équipe qui a accumulé le plus grand nombre de bonnes réponses dans le temps prévu gagne la partie.

Exemple :

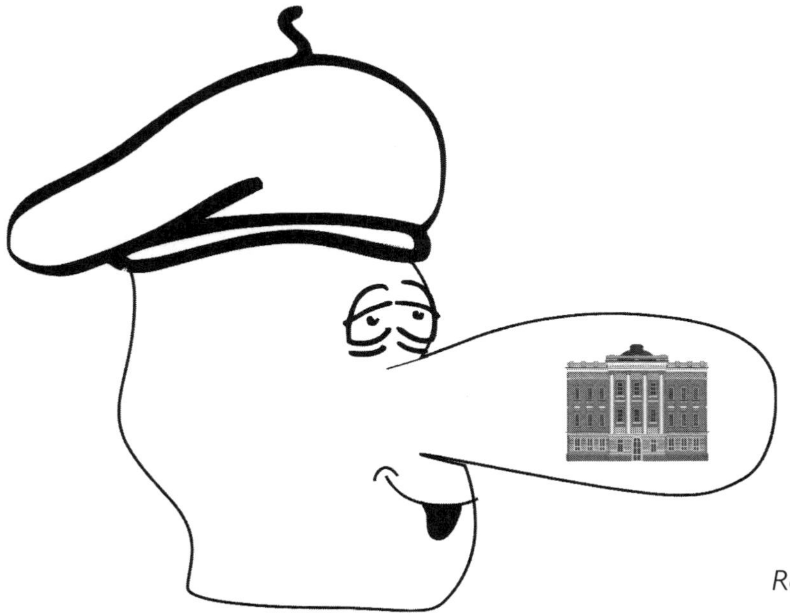

Réponse : Édifice

Voici quelques suggestions de noms afin de vous permettre de préparer votre jeu : Souvenez-vous que vous pouvez utiliser un nom qui commence par « é » ou « hé » en faisant la liaison avec le « un » ou « une » qui précède le nom.

Écharpe
Éclair
Épée
Hélicoptère
Nénuphar

Échec
École
Éperlan
Hérisson
Néon

Échelle
Écrevisse
Épingle
Négatif

Variante: Ce même jeu peut se faire en utilisant des mots qui commencent par la syllabe « ra », « pa », ou « cha ». Vous n'avez qu'à coller les images ou dessins sur le ventre d'un rat, d'un chat ou sur un pas.

Voici d'autres choix de devinettes ainsi qu'un modèle pour des mots qui commencent par « ra », « pa », ou « cha ».

Jeu de rat

Rabot	Racine	Radar
Radio	Radis	Ragoût
Raton laveur		

Jeu du pas

Palais	Panier	Panorama
Passerelle	Papaye	Papier
Papillon	Parachute	Pare-brise
Pare-chocs	Parfum	Passe-partout
Pâte	Patin	Pâtisserie

Jeu du chat

Chacal	Chagrin	Chalet
Chaleur	Chaloupe	Chalutier
Chameau	Chapeau	Chapelle
Chapiteau	Chariot	

33. Jeu d'épreuves

3 joueurs et plus

Catégorie d'âge : 2 à 4 ans

Les enfants s'assoient en cercle. On inscrit leurs noms sur des bouts de papier que l'on dépose dans un contenant. Dans un autre, on dépose différentes épreuves inscrites également sur des bouts de papier. On prend bien soin d'avoir plus d'épreuves que de joueurs.

L'enfant qui est fêté commence le jeu en pigeant un billet indiquant le nom du premier participant. Ce dernier pige alors à son tour une épreuve qu'il doit exécuter au centre du cercle. Ensuite, c'est à son tour de piger le nom du prochain participant et il retourne s'asseoir dans le cercle. Ce deuxième joueur pige ensuite un billet qui détermine son épreuve et ainsi de suite.

Le jeu est terminé lorsque tous les joueurs ont exécuté une épreuve. Pour les féliciter, ils ont tous droit à une surprise.

Voici quelques exemples d'épreuves :

- Sauter sur un pied 10 fois
- Chanter un refrain de « Frère Jacques »
- Danser le twist
- Faire le son d'un animal

34. Jeu des animaux

9 joueurs et plus

Catégorie d'âge : 2 ans et plus

Vous déterminez et vous dévoilez à chaque joueur, en secret, l'animal qu'il doit imiter. Vous prenez soin de choisir une maman, un papa et un bébé de chaque animal. Par exemple : une chienne, un chien et un chiot.

Au signal, les joueurs essaient de se retrouver en famille en circulant dans le groupe tout en imitant leur animal. Lorsqu'ils se sont rassemblés, ils doivent par la suite s'empresser de s'asseoir sur des chaises préalablement placées en ligne et de la façon suivante : papa animal en premier, maman animal sur les genoux de papa et bébé animal sur les genoux de maman. La première famille complète et assise dans le bon ordre gagne la partie.

35. Jeu des chansons (Devine le titre)
3 joueurs et plus
Catégorie d'âge: 10 ans et plus

Vous pouvez former deux équipes s'il y a quatre joueurs ou plus. Il s'agit de deviner le titre de la chanson ou le nom du chanteur qui l'interprète. Le point va à l'enfant ou à l'équipe qui a répondu correctement le plus rapidement possible. Préparez environ 15 chansons, car il se peut que certaines soient difficiles à deviner.

Prévoyez une personne responsable de la musique et une autre pour chronométrer le temps de réponse. Ce jeu plaira autant aux enfants qu'aux adultes.

36. Jeu des chansons (Garde le tempo)
2 joueurs et plus
Catégorie d'âge: 10 ans et plus

Formez deux équipes s'il y a quatre joueurs ou plus. Vous faites jouer une chanson; en cours de route, vous coupez entièrement le son sans arrêter de la faire tourner. Le joueur ou l'équipe continue de chanter *a capella.* Le jeu consiste à garder le tempo afin d'arriver pile avec la chanson lorsque vous remontez le volume. Les points vont aux joueurs qui réussissent le mieux à garder le tempo.

Prévoyez une personne responsable du son et une autre pour prendre le pointage. Prenez soin de fournir à tous les joueurs les paroles des chansons qu'ils devront interpréter.

37. Jeu du « As-tu vu mon singe ? »
4 joueurs et plus
Catégorie d'âge : 3 à 9 ans

Les enfants forment un cercle. Un animateur commence en disant : « As-tu vu mon singe ? » Il continue en choisissant un enfant sans le nommer, mais en le décrivant petit à petit tout en circulant autour du cercle. Exemple : Il porte un pantalon bleu. Il a les cheveux bruns. Il porte un chandail blanc, etc.

Lorsque l'enfant s'est reconnu, il part à courir à l'extérieur du cercle et tente d'attraper l'animateur ou le joueur qui l'a choisi. Ce jeu ressemble au jeu du mouchoir.

38. Jeu du chaud, tiède, froid
2 joueurs et plus
Catégorie d'âge : 3 ans et plus

Vous cachez un objet à l'intérieur ou à l'extérieur de la maison, dans un endroit accessible aux plus petits. Le joueur qui cherche se fait guider par les indices donnés par les joueurs qui ont caché cet objet. Lorsqu'il s'éloigne du lieu de la cachette, on dit « c'est tiède », s'il s'éloigne beaucoup on dit « c'est froid » et s'il s'approche, on dit « c'est chaud ».

Variante : Si vous disposez d'un grand espace, au lieu de cacher un objet, un joueur peut se cacher et les règles sont les mêmes.

39. Jeu du cure-dent
4 joueurs et plus
Catégorie d'âge : 10 ans et plus

Vous distribuez à chaque participant un cure-dent qu'il utilisera plus tard. Tous les joueurs s'assoient et forment un cercle. Un premier joueur s'adresse à celui qui se trouve à sa gauche et lui lance une courte phrase qui débute par : « Ma mère est malade ! » Celui à sa gauche demande : « Quoi ? » Le premier lui répète la phrase :

« Ma mère est malade ! » Le deuxième lui demande par la suite : « Qu'est-ce qu'elle a ? » Le joueur lui répond alors dans une phrase plus complète en mentionnant une sorte de maladie : « Elle a la grippe ! » C'est ensuite au tour du deuxième joueur de formuler la phrase « Ma mère est malade » en s'adressant au troisième et à ce dernier de répondre « quoi ? », et ainsi de suite. Chaque participant doit trouver une sorte de maladie différente des autres mentionnées au préalable.

Lorsqu'on a fait un tour complet, les enfants recommencent le jeu en répétant les mêmes phrases dites auparavant et en plaçant le cure-dent sur leurs lèvres seulement au moment où ils doivent dialoguer. Chaque bout du cure-dent touche le centre des lèvres inférieure et supérieure, ce qui laisse la bouche légèrement entrouverte (ce qui crée un certain inconfort). Il est alors plus difficile de parler et les rires accompagnent le tout.

40. Jeu du « Life Saver »
4 joueurs et plus
Catégorie d'âge : 10 ans et plus

Vous distribuez à chaque participant un cure-dent qu'il utilisera plus tard. Tous les joueurs s'assoient et forment un cercle. Sur fond musical, le premier joueur prend le cure-dent entre ses dents ainsi qu'un bonbon « Life Saver » qu'il enfile sur le cure-dent. Il tente alors de passer le bonbon à son voisin de gauche qui a placé lui aussi le cure-dent entre ses dents. Le deuxième joueur tente à son tour de passer le bonbon à son voisin de gauche et ainsi de suite.

Ce jeu se déroule comme celui de la chaise musicale ou du chapeau musical. C'est-à-dire que le joueur est éliminé lorsqu'il se retrouve avec le bonbon autour du cure-dent au moment où la musique s'arrête. Le jeu se termine lorsqu'il n'y a plus qu'un seul joueur.

Prévoyez plusieurs bonbons de remplacement car ils se retrouvent souvent par terre.

41. Jeu du mouchoir
4 joueurs et plus
Catégorie d'âge: 3 à 8 ans

Ce jeu est un autre classique toujours apprécié des jeunes enfants. Ils s'assoient en cercle. Le joueur n° 1 circule à l'extérieur du cercle et doit déposer discrètement un mouchoir ou un petit foulard derrière un des joueurs. Lorsque le joueur n° 2 s'en aperçoit, il prend le foulard et tente de rattraper celui qui l'a déposé derrière lui, en courant autour du cercle, avant que le joueur n° 1 puisse se mettre à l'abri en s'assoyant à la place libérée par le joueur n° 2.

Si le joueur n° 2 réussit à rattraper le joueur n° 1, celui-ci va s'asseoir au centre du cercle.

Ensuite, le joueur n° 2 poursuit le jeu en tentant de déposer discrètement le foulard derrière un autre joueur.

42. Jeu sur nappe
3 à 6 joueurs
Catégorie d'âge: 3 à 11 ans

Vous utilisez une grande nappe de plastique bon marché de couleur unie, sur laquelle vous tracez, par exemple pour six joueurs, six rangées et environ 8 à 10 colonnes.

Ce jeu ressemble à un jeu d'échelles. Les joueurs lancent le dé chacun leur tour et le premier arrivé en haut gagne la partie. Le jeu se poursuit afin d'avoir une deuxième, troisième, quatrième position et ainsi de suite.

À l'intérieur de deux carreaux de chaque rangée, vous dessinez ou collez un dessin. L'un d'eux permet au joueur d'avancer son pion d'un point de plus tandis que l'autre dessin le fait reculer d'un point.

Choisissez les dessins en fonction du thème de la fête. Par exemple, si la fête est sous le thème des pirates, dessinez une croix pour faire avancer et une tête de squelette pour faire reculer les pions. Utilisez comme pions des petits bateaux de bois qui peuvent être offerts à chaque joueur comme cadeau souvenir à la fin du jeu.

Voici d'autres suggestions de pions (selon le thème de la fête): des petites peluches, des petits animaux, des petites voitures, des petits avions, etc.

Variante: Pour des joueurs plus âgés, ajoutez une troisième case dans chaque rangée. Lorsque le pion arrive sur celle-ci, l'enfant retourne à la case départ.

43. La course aux souliers

3 joueurs et plus
Catégorie d'âge: 3 à 11 ans

Les joueurs sont assis par terre et forment deux équipes face à face à une certaine distance. Vous déposez toutes les paires de souliers au centre. Au signal, tous les participants cherchent leurs chaussures et les enfilent le plus rapidement possible pour ensuite retourner s'asseoir à leur place initiale.

L'équipe qui termine la première gagne la partie. Pour rendre le jeu plus difficile, ajoutez d'autres chaussures afin de camoufler davantage les bonnes paires de souliers.

Variante: Si les enfants sont plus âgés, vous pouvez leur bander les yeux, ce qui compliquera la recherche.

44. Le billot de bois

5 joueurs et plus
Catégorie d'âge : 3 ans et plus

Les enfants se placent à plat ventre sur le sol, en ligne. Le premier lève les bras au-dessus de sa tête et imite un billot de bois qui circule sur l'eau. Il doit donc rouler sur les joueurs jusqu'à la fin de la ligne. Il devient à son tour de l'eau. Le deuxième joueur peut à son tour se transformer en billot de bois dès que le premier est rendu à mi-chemin et ainsi de suite.

Si les joueurs sont de différents poids, vous pouvez faire deux lignes parallèles.

Variante : Celui qui fait le billot de bois se place sur le ventre et sur les autres joueurs mais en sens inverse. Au signal, tous les autres se roulent en même temps, dans la même direction mais en sens contraire du billot du dessus. Du plaisir assuré !

45. Le saute-mouton

3 joueurs et plus
Catégorie d'âge : 3 à 8 ans

Tous les joueurs se placent accroupis, l'un derrière l'autre. Celui qui se trouve à la fin de la file reste debout et doit sautiller pour avancer en avant de la file en passant, les jambes écartées, par-dessus les autres enfants, s'appuyant des mains sur leur dos. C'est ensuite au tour de celui qui se retrouve à la fin de la file de circuler de la même façon, et ainsi de suite.

46. Limbo
4 joueurs et plus
Catégorie d'âge : 3 ans et plus

Jeu exotique pour les petits et grands, à faire sur fond musical. Nous connaissons tous ce jeu, mais nous oublions que nos enfants sont très forts et bien meilleurs que leurs parents. Deux des participants tiennent un manche à balai à chaque extrémité à une hauteur d'environ un mètre et demi. Les autres participants doivent passer sous la barre les pieds devant, en basculant le tronc et la tête vers l'arrière. Une fois que tous sont passés, on baisse un peu la barre et les joueurs essaient de nouveau, et ainsi de suite. Ceux qui tombent ou ceux qui touchent à la barre sont éliminés. Le gagnant est l'enfant qui réussit à passer sous la barre à son plus bas.

47. Loup ! Loup ! Quelle heure est-il ?
4 joueurs et plus
Catégorie d'âge : 3 à 10 ans

Un des participants prend le rôle du loup. Il se place au bout du terrain. Les autres joueurs sont des petits cochons qui se rassemblent à l'autre extrémité dans leurs maisons imaginaires. Les cochons demandent : « Loup ! Loup ! Quelle heure est-il ? » Et le loup leur répond : « Une heure » ou « six heures » ou tout autre chiffre de 1 à 12. Les cochons avancent d'autant de pas que l'heure indiquée par le loup. Lorsque les cochons sont arrivés assez près du loup et qu'ils lui demandent l'heure, le loup leur répond alors : « L'heure du déjeuner ! »

Il essaie alors d'attraper un des cochons qui vont fuir pour se réfugier dans leurs maisons. Celui qui se fait prendre accompagne le loup et l'aide à attraper d'autres cochons. Le dernier cochon est le gagnant.

48. Mare aux insectes
3 joueurs et plus
Catégorie d'âge : 3 à 11 ans

Dans une pataugeoire remplie d'eau, vous déposez au fond entre 10 et 20 insectes en plastique. Recouvrez l'eau de brindilles d'herbes qui servent à camoufler le tout. Au signal, les enfants se retroussent les manches pour ramasser tous les insectes le plus rapidement possible. Peut-être préférerez-vous leur faire porter leur maillot de bain.

Formez deux équipes s'il y a plus de quatre joueurs. Ceux qui ont ramassé le plus d'insectes dans le délai prévu gagnent la partie.

49. Message dans un ballon à l'hélium
2 joueurs et plus
Catégorie d'âge : 2 ans et plus

Pour réaliser ce jeu, il vous faut quelques ballons ainsi qu'une bombonne contenant de l'hélium que vous pouvez louer dans les endroits spécialisés.

Vous préparez avec les enfants un message spécial écrit sur un bout de papier. Ce peut être un poème, un mot d'amour ou un souhait d'anniversaire. Ce billet doit être inséré dans le ballon avant de le gonfler et de l'attacher.

Au signal, les enfants laissent s'envoler les ballons ; ils auront beaucoup de plaisir à les voir disparaître très haut dans le ciel. Si les enfants sont très jeunes, prévoyez d'autres ballons qu'ils pourront garder pour eux. À cet âge, ils ne comprennent pas toujours la symbolique de ce jeu.

50. Mimer les mots et les titres
2 joueurs et plus
Catégorie d'âge: 3 ans et plus

Ce jeu consiste à deviner le mot, l'animal, l'action ou toute autre idée que l'autre joueur mime avec le geste sans utiliser la parole. Vous pouvez former deux équipes lorsqu'il y a plus de quatre joueurs.

Variante: Un plaisir assuré pour les plus petits. Un adulte accompagne un enfant dans une autre salle pendant quelques minutes afin de permettre au groupe de choisir un animal à imiter. Lorsque l'enfant revient dans la pièce, tous les enfants se mettent à imiter l'animal choisi (par exemple, s'ils ont opté pour un chien, certains japperont, d'autres feront la belle, etc.). Lorsque l'enfant a deviné, il revient dans le groupe et c'est au tour d'un autre enfant de sortir et de tenter à son retour de deviner le nom d'un nouvel animal.

51. Photographie souvenir (tête derrière le trou)
2 joueurs et plus
Pour toutes catégories d'âge

Ce divertissement demande un peu plus de préparation de la part des parents, mais si vous avez le temps de bricoler un peu, tous les enfants garderont un beau souvenir de cette fête.

Vous dessinez un personnage ou l'animal préféré de l'enfant sur un grand carton rigide ou plastifié qu'on trouve dans les magasins de matériel d'artiste. Commencez à dessiner au plomb et prévoyez le trou pour la tête en fonction de l'enfant le plus grand. Lors de la prise de photos, vous n'aurez qu'à placer un petit banc derrière pour les plus petits.

Si vous n'êtes pas bon dessinateur, vous pouvez choisir un dessin de livre à colorier que vous agrandissez au photocopieur à raison de 200 %. Vous collez les six ou huit feuilles ensemble par l'arrière pour ensuite les coller sur votre grand carton. Il ne vous reste plus qu'à peindre le dessin, avec des restes de peinture que vous avez utilisée pour les murs plutôt que de gouache, car celle-ci risque de faire onduler le carton.

Un adulte pourra tenir le carton pendant la prise de photos. Vous pouvez aussi fixer le carton à la base à l'aide d'une équerre que vous aurez fabriquée avec le surplus de carton et placée derrière. Autre moyen : placer des piles de livres devant et derrière et à chaque extrémité pour faire tenir bien en place le grand carton. Fous rires garantis.

Suggestion : Si c'est possible, prenez des photos au polaroïd pour remettre un souvenir aux enfants la journée même ; sinon, faites parvenir sa photographie à chaque enfant en indiquant derrière la date de la fête et profitez-en du même coup pour le remercier d'avoir accepté l'invitation.

52. Piñata (faite maison)
2 joueurs et plus
Pour toutes catégories d'âge

La piñata est un jeu d'origine mexicaine. Les enfants ont les yeux bandés et tentent de frapper la piñata suspendue à une corde, à l'aide d'un bâton. Le jeu consiste à briser la piñata, qui contient des bonbons. Vous pouvez acheter une piñata dans les magasins de jouets, mais la confectionner avec vos enfants plusieurs jours à l'avance les amusera davantage.

Vous utilisez un ballon gonflé sur lequel vous collez des bandes de papier journal avec de la colle blanche. Deux couches de papier solidifient davantage la piñata. Lorsque c'est sec, vous coupez un carré sous la piñata afin d'y insérer les bonbons pour ensuite refermer solidement l'ouverture avec de la colle ou du papier collant. Vous recouvrez la piñata de gouache et vous laissez aller votre imagination. Vous pouvez dessiner un visage de pirate ou de squelette si c'est le thème de la fête, une couronne si vous avez choisi comme thème les rois et les reines, etc.

Variante: Au lieu de recouvrir le papier journal de gouache, vous pouvez coller des boules de papier de soie avec de la colle blanche, ce qui donnera à la piñata une allure mexicaine.

Une autre idée qu'on peut réaliser plus rapidement est d'utiliser une boîte de carton qui représentera le corps du personnage et qui servira à camoufler les friandises. Vous prendrez soin par la suite de la recouvrir de boules de papier de soie. Ensuite, il suffit de lui ajouter, selon l'animal ou le personnage choisi, des jambes, des ailes, une tête ou des pattes.

53. Sauts à trois pieds
6 joueurs et plus
Catégorie d'âge: 2 ans et plus

Les enfants se placent en groupe de deux et en rangée derrière une ligne de départ. Vous attachez le pied droit de l'un avec le pied gauche de l'autre avec un foulard. Pour les aider à garder l'équilibre, vous regroupez les enfants de même grandeur ensemble et les joueurs de chaque équipe se tiennent par la taille. Au signal, la course débute et la première équipe rendue au fil d'arrivée gagne.

Variante: Vous pouvez utiliser une taie d'oreiller au lieu d'un foulard pour tenir les pieds ensemble.

Les enfants auront du plaisir également à faire la course avec papa ou maman.

54. Sauts sur un pied
3 joueurs et plus
Catégorie d'âge : 3 ans et plus

Les enfants se placent en rangée, derrière une ligne de départ. Au signal, ils avancent dans la même direction en sautant sur un pied. L'organisateur compte jusqu'à 10 et l'enfant qui est arrivé le plus loin gagne la partie.

Variante : Au lieu de compter jusqu'à 10, vous pouvez déterminer une ligne d'arrivée. Le gagnant est alors celui qui est arrivé le premier en sautillant sur un pied.

Au lieu de sauter sur un pied, les participants peuvent sauter à pieds joints, courir, ramper, marcher en reculant, etc.

55. Souque à la corde
6 joueurs et plus
Catégorie d'âge : 3 ans et plus

Vous aurez besoin d'une grande corde à danser ou de toute autre corde solide qui n'irrite pas les mains. Vous formez deux équipes de forces égales. Les joueurs se placent à chaque extrémité de la corde de façon que les équipes soient l'une en face de l'autre. Dans chaque équipe, vous placez les plus forts à chaque extrémité. Le milieu de la corde détermine le territoire de chaque équipe et vous marquez le sol d'un trait de craie au même endroit. Au signal, les joueurs tirent sur la corde de toutes leurs forces du côté de leur équipe afin de faire tomber les adversaires sur leur territoire, ce qui déterminera les gagnants. Il est préférable d'exécuter ce jeu dans l'herbe ou dans le sable.

56. Spectacle de marionnettes

3 joueurs et plus
Catégorie d'âge : 1 à 7 ans

Il s'agit d'un spectacle que vous préparez vous-même à partir de l'histoire préférée de vos enfants. Vous pouvez aussi laisser aller votre imagination si le cœur vous en dit. Utilisez les marionnettes disponibles à la maison.

Il faut bien sûr confectionner un castelet. Pour ce faire, vous pouvez simplement vous placer derrière un grand divan. Il ne vous reste plus qu'à créer un décor derrière vous à l'aide d'un grand carton ou de papier que vous collez à l'aide de gommette sur le mur afin de ne pas abîmer la peinture.

Au cours de l'histoire, il s'agit de faire participer les enfants en leur demandant de chanter, de crier, de répéter les paroles magiques, etc. Après le spectacle, laissez les marionnettes à leur disposition et ils s'amuseront eux-mêmes à créer leur propre histoire. Les plus grands voudront amuser les plus petits.

57. Statue musicale

3 joueurs et plus
Catégorie d'âge : 3 ans et plus

Vous mettez de la musique et les enfants doivent danser et garder le rythme. De temps à autre, vous arrêtez la musique et les joueurs doivent se transformer en statue. Celui qui a bougé doit s'asseoir par terre. La musique recommence et vous arrêtez la musique de nouveau jusqu'à ce qu'il ne reste plus qu'un ou deux joueurs gagnants.

58. *Tag* de marche

2 joueurs et plus
Catégorie d'âge : 5 ans et plus

Vous formez des équipes de deux. L'un poursuit l'autre, chacun leur tour, mais en marchant seulement. Il est interdit de courir. Au signal, l'un compte jusqu'à cinq et l'autre prend un peu d'avance. Lorsque le joueur touche la personne poursuivie, c'est alors à son tour d'être poursuivi.

Fêtes à thème

Carte d'invitation

Vous insérez à l'intérieur de la carte quelques confettis, histoire de créer un effet de surprise.

Décoration

À l'extérieur comme à l'intérieur de la maison, décorez avec des ballons de toutes les couleurs.

Faites des banderoles avec des triangles de toutes les couleurs que vous taillez dans du carton de construction et que vous fixez par la suite sur une ficelle ou sur une corde mince. C'est une activité à faire en famille quelques jours à l'avance.

Déguisement

Vous trouverez des chapeaux de fête en forme de cône qui conviendront parfaitement au thème des clowns. Cependant, les enfants n'aiment pas toujours les porter à cause du petit élastique sous le menton. Je suggère de fixer les chapeaux sur la tête à l'aide d'une pince à cheveux. Vous pouvez aussi utiliser de la ficelle ou du ruban de décoration pour remplacer l'élastique.

Faites des collets de papier de couleur ou de carton léger pour les enfants, en suivant le modèle des banderoles ci-dessus (ou utilisez de la feutrine).

Maquillage

Lorsque les petits invités arrivent, offrez-leur de les maquiller en clown. S'ils sont nombreux, limitez-vous à leur colorer le bout du nez en rouge, à leur dessiner une larme blanche sur la joue, ou deux pommettes rouges. N'hésitez pas à vous faire aider par un enfant plus vieux ou un adulte invité à la fête.

Gâteau d'anniversaire

Décorez le gâteau en dessinant un bouquet de ballons, ou faites des petits gâteaux individuels décorés en visage de clown. On utilise un petit cornet de sucre pour faire le chapeau. Le visage est fait avec toutes sortes de friandises déposées sur une crème fouettée ou un glaçage blanc de votre choix. En guise de visage, vous pouvez également déposer une boule de crème glacée à la vanille sur le petit gâteau et la décorer de la même manière.

Surprise

Si le budget le permet, bien sûr, ou pour un anniversaire plus spécial comme à l'occasion d'un cinquième anniversaire, vous pourriez inviter un animateur professionnel. Il arrive très souvent que ceux-ci soient déjà costumés en clown.

N. B. Remettez quelques ballons aux enfants à la fin de la journée. Ils en seront ravis.

Roi et Reine

Carte d'invitation faite à la main

Utilisez un papier doré ou bleu royal sur lequel vous écrivez avec un stylo à encre or ou en gel brillant ou dans un ton plus sobre, couleur parchemin.

Après avoir inscrit le tout, vous roulez le papier et l'attachez avec un ruban décoratif en satin ou en raphia.

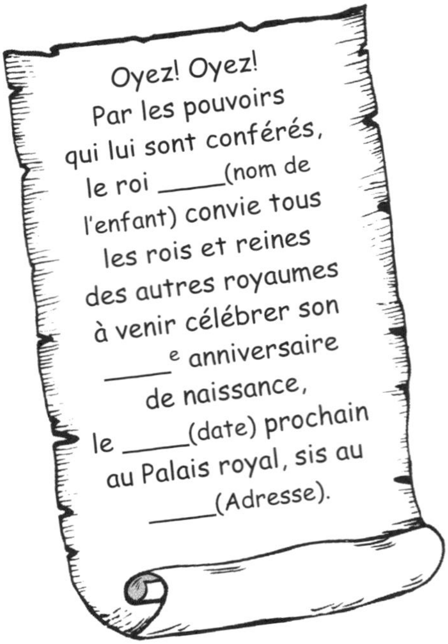

Décoration

À l'extérieur comme à l'intérieur de la maison, décorez avec des ballons de couleur or et bleu.

Recouvrez avec un grand drap blanc ou une nappe unie une chaise ou un fauteuil de la maison qui deviendra un trône. Il pourra servir entre autres à prendre des photos souvenir de la fête.

Gâteau d'anniversaire

Utilisez un moule à gâteau de forme rectangulaire. Une fois le gâteau refroidi, coupez-le selon les indications ci-dessous.

Découpez le gâteau en enlevant les sections marquées d'un « X » et décorez-le à votre guise.

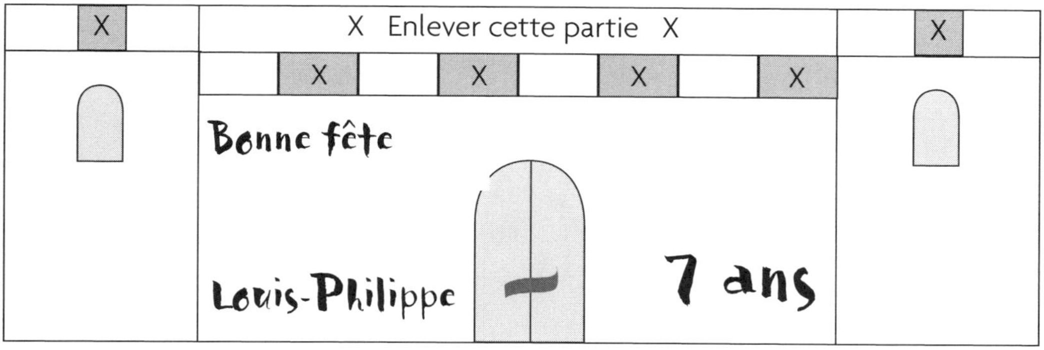

Déguisement

Dès que les petits invités arrivent, remettez-leur une couronne que vous pouvez confectionner vous-même si vous n'en trouvez pas sur le marché. Vous trouverez un modèle ci-dessous. Indiquez le nom de chaque enfant à l'intérieur de la couronne pour qu'il puisse la retrouver s'il l'enlève durant la fête.

L'enfant qui est fêté pourrait porter une cape.

Mettez votre imagination à l'œuvre pour la décoration des couronnes. Le jour de la fête, ajustez les extrémités (gauche, droite) de la couronne directement sur la tête de chaque enfant. Fixez ensuite le tout à l'aide d'une agrafeuse ou d'un papier collant.

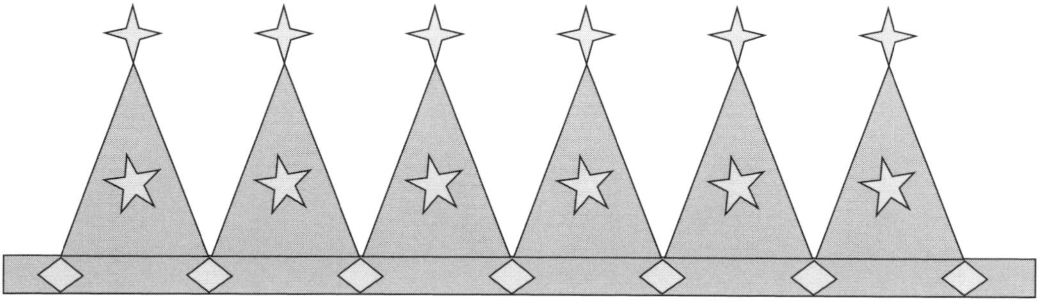

Jeu

Si l'enfant dont c'est l'anniversaire accepte de faire ce jeu, il s'assoit sur son trône et chaque invité lui fait un petit numéro : une chanson, une histoire, une danse, etc. Lorsque l'enfant a terminé son numéro, il a droit à une surprise qui lui sera remise par le roi ou la reine de la fête.

Surprise

La surprise à remettre à chaque enfant est royale. Faites des paquets avec du papier argenté ou doré dans lequel vous insérez une petite surprise comme des crayons de couleur or ou argent ou bien des pièces de monnaie (en chocolat, bien sûr !).

Les filles aimeront recevoir des bijoux de bois ou de plastique, des savons ou des bulles de bain de couleur argent ou or.

N. B. Remettez quelques ballons aux enfants lorsqu'ils partent. Ils en seront ravis.

Chevalier et princesse

Carte d'invitation faite à la main
Vous pouvez utiliser le même modèle que pour le thème de « Roi et reine » (voir page 52).

Décoration
À l'extérieur comme à l'intérieur de la maison, décorez avec des ballons de couleur or et bleu.

Faites une bannière avec un grand papier pour accrocher à l'intérieur sur lequel vous dessinez à votre guise.

Vous pouvez également utiliser de la feutrine pour l'extérieur. Fixez les étoiles décoratives avec de la colle chaude. Vous pouvez écrire directement sur la feutrine avec un crayon spécial pour tissus. Enroulez et collez légèrement le tissu à un bâton de bois. Voir modèle ci-dessous :

Gâteau d'anniversaire
Vous pouvez utiliser le même modèle que pour le thème de « Roi et reine » (voir page 52).

Déguisement
Dès que les petits invités arrivent, vous remettez une épée de plastique à ceux ou celles qui souhaitent devenir chevalier ou chevalière. Les petites filles qui choisissent d'incarner une princesse se verront remettre un chapeau (cône, torsade autour de la tête) ou un diadème que vous pouvez confectionner vous-même. N'oubliez pas d'indiquer le nom de chaque enfant à l'intérieur pour qu'il puisse retrouver son couvre-chef s'il l'enlève durant la fête.

Vous trouverez des modèles d'épées ou de chapeaux ci-après.

Modèles d'épées
Il se vend sur le marché, à très bas prix, des épées en plastique avec bouts arrondis.

Si le cœur vous en dit, vous pouvez confectionner vous-même les épées en utilisant des rouleaux d'essuie-tout ou, encore mieux, de grands rouleaux de papier d'emballage.

Un grand carton roulé et collé avec du ruban adhésif fera très bien l'affaire. Choisissez-le de couleur argent et décorez-le à votre guise. Laissez aller votre imagination.

Les invités retournent à la maison avec leur chapeau, leur épée, leur surprise et leurs ballons. Quelle fête !

Modèles de chapeaux

Mesurez le tour de tête d'un enfant et ajoutez un pouce pour vous permettre de bien refermer le cylindre. Décorez-les de la manière qui vous plaît. Les matières utilisées sont du carton, des boutons et du ruban de papier crépon qui sont collés au-dessus du casque avec de la colle chaude.

(A)

Chapeau de princesse

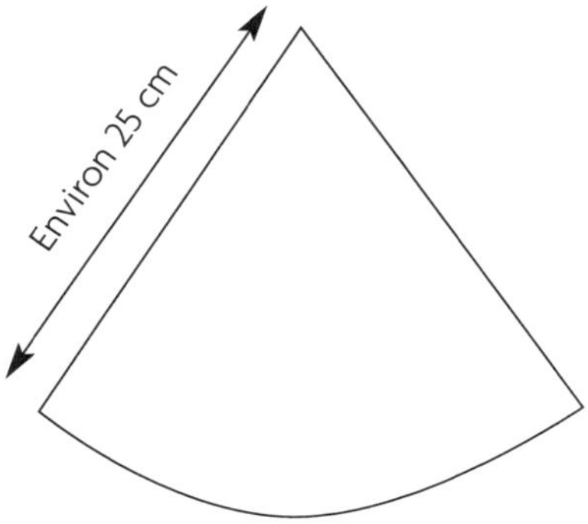

Faites un premier chapeau avec du papier qui servira par la suite de modèle à découper dans du carton de couleur de votre choix. Fixez les côtés avec une agrafeuse ou du ruban adhésif de façon à former un cône. Collez du papier gaufré au sommet du chapeau en guise de décoration. Vous pouvez même utiliser un reste de tissu très souple comme un voile très léger pour une allure plus romantique.

Modèles de médaille de chevalier

Décorez les médailles au gré de votre fantaisie. Vous pouvez même les personnaliser au nom de l'enfant. Utilisez un carton de couleur pour gagner du temps ou prenez un carton blanc et colorez-le.

Recouvrez la médaille des deux côtés en utilisant une pellicule collante (comme celle qu'on achète pour recouvrir les livres) afin de lui donner une allure plus rigide et brillante.

Terminez en nouant un petit ruban de papier ou une ficelle de chaque côté de la médaille que vous aurez préalablement perforée d'un petit trou.

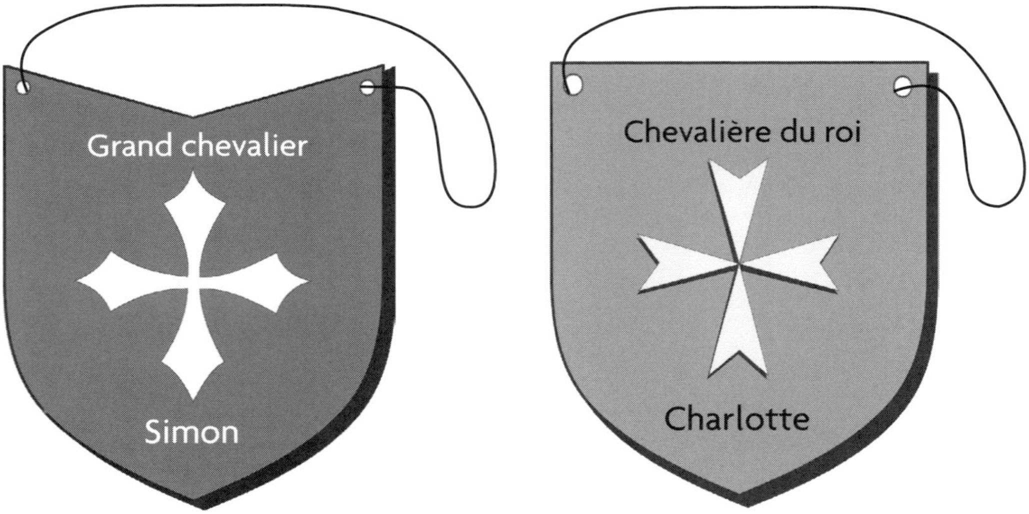

Jeux

Quels que soient le ou les jeux que vous ferez avec les enfants, vous pouvez décorer les gagnants de la médaille de chevalier. Ils seront tous les héros de la fête. Vous verrez, ils seront très heureux, autant les filles que les garçons.

Surprise

La surprise à remettre à chaque enfant est royale (voir le thème de « Roi et reine », page 52).

N. B. Remettez quelques ballons aux enfants lorsqu'ils quittent la fête. Ils en seront ravis.

PIRATES

Carte d'invitation faite à la main

Sur une feuille format lettre, dessinez la maison où aura lieu l'événement avec la route pour s'y rendre (sous forme de carte au trésor). Photocopiez le modèle selon le nombre d'invitations. Par la suite, on peut demander à l'enfant de colorier chacune d'elles pour les rendre plus attrayantes.

Ensuite, brûlez très légèrement les bords de chaque feuille avec une cigarette afin de vieillir le papier. Enroulez la feuille et attachez le rouleau avec un ruban en raphia, un bout de corde rugueuse ou un collant approprié au thème de la fête. Si vous devez poster l'invitation, plutôt que de la rouler, pliez-la et apposez le collant décoratif derrière l'enveloppe.

Carte routière

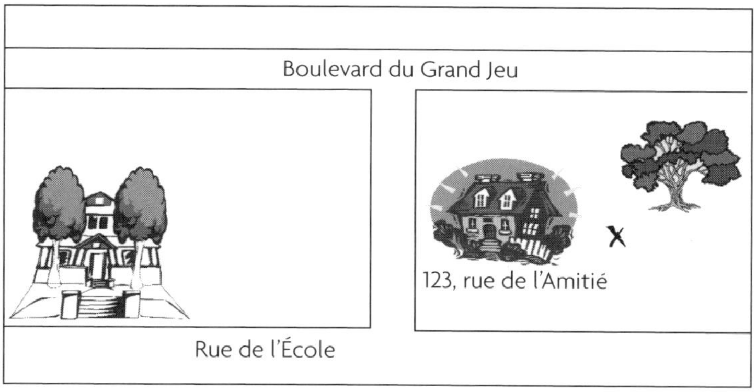

Je t'invite à ma fête le samedi ______ prochain. Confirme ta présence en téléphonant au numéro suivant : ____________________.

Pour te rendre chez moi, tu n'as qu'à suivre le chemin indiqué plus haut. Les pirates ont caché un trésor. Il faudra le trouver et on pourra le partager entre amis.

On aura beaucoup de plaisir ! ______________________

Nom de l'enfant

Décoration

À l'extérieur comme à l'intérieur de la maison, décorez avec des ballons noirs et blancs. Sur ces derniers, dessinez quelques têtes de squelette avec un marqueur noir permanent.

Un drapeau de pirate peut très bien orner la porte extérieure, le temps que tous les amis arrivent. Par la suite, si la fête a lieu à l'intérieur, ce drapeau décorera la salle de jeu.

Gâteau d'anniversaire en forme de voilier

Utilisez un moule à gâteau de forme rectangulaire. Une fois le gâteau refroidi, coupez-le selon les indications ci-dessous, et allez-y selon votre fantaisie pour les couleurs du glaçage.

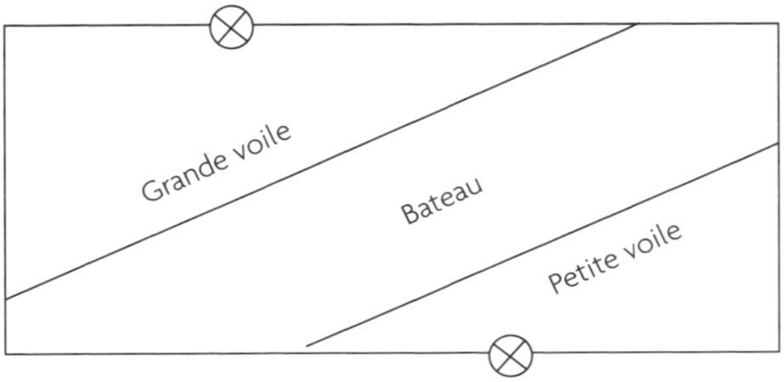

Par la suite, placez les morceaux de façon que les parties marquées d'un X soient placées dos à dos afin de former les voiles. Il ne vous reste plus qu'à les décorer avec différentes friandises de votre choix.

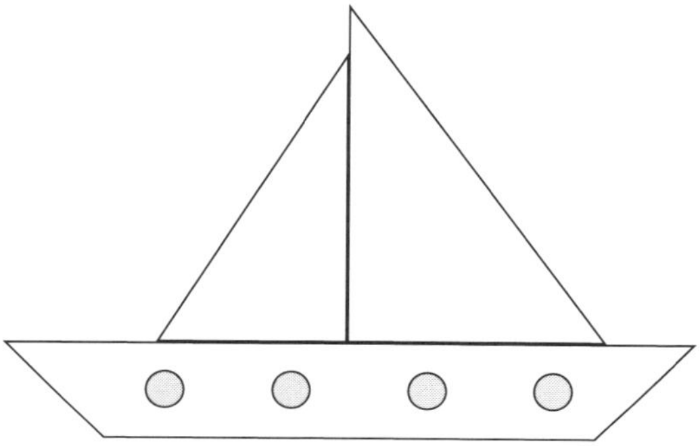

Déguisement
Dès que les petits invités arrivent, vous leur remettez un chapeau de pirate que vous pouvez confectionner vous-même si vous n'en trouvez pas sur le marché. Indiquez le nom de chaque enfant à l'intérieur du chapeau afin qu'il puisse le retrouver facilement s'il l'enlève durant la journée.

Pour confectionner des petits foulards de pirate, vous pouvez acheter à bas prix du tissu rouge à pois ou à rayures. Faites une couture de finition sur les bords pour éviter que le tissu s'effiloche. Vous pouvez aussi découper le carré avec un ciseau dentelé. Ce foulard peut être placé sur la tête ou noué au cou.

Maquillage

Pour éviter que les enfants se fatiguent les yeux, il est préférable de leur maquiller un œil de pirate au lieu d'utiliser le protecteur de plastique qui recouvre l'œil que vous pouvez vous procurer dans les pharmacies ou que vous pouvez confectionner avec du carton et de l'élastique.

Jeu

Chasse au trésor

(Voir jeu n° 15) Construisez vous-même un casse-tête géant. Pour ce faire, utilisez un grand carton assez rigide sur lequel vous dessinez une croix, un drapeau ou une tête de squelette. Si vous n'êtes pas habile, vous n'avez qu'à agrandir à l'aide d'un photocopieur un dessin d'un livre à colorier que vous collerez par la suite sur un grand carton.

À la toute fin, dessinez les formes qui détermineront les pièces du casse-tête. Découpez ces pièces. Il ne vous reste plus qu'à les cacher dans différents endroits à l'extérieur ou à l'intérieur de la maison. Une fois que les enfants ont trouvé toutes les pièces, ils forment le casse-tête qui donnera accès au trésor.

Surprise (trésor)

Le trésor comporte une surprise à remettre à chaque enfant. Faites des paquets en forme de baluchon avec du papier argenté ou doré dans lequel vous insérez une petite surprise avec des pièces de monnaie (en chocolat, bien sûr !).

N. B. Remettez quelques ballons aux enfants lorsqu'ils quittent la fête. Ils en seront ravis.

Table des matières

Introduction 10

Six règles à suivre 11

Tableau des jeux 12

Description des jeux 15

Fêtes à thème 49

Clown 50

Roi et reine 52

Chevalier et princesse 55

Pirates 59

Achevé d'imprimer au Canada
en juin 2004
sur les presses des Imprimeries Transcontinental Inc.